HOUGHTON MIFFLIN HARCOURT

EstÁNDARES COMUNES

Libro de lecturas para escribir
Grado 1 Volumen 2

Printed in the U.S.A.

ISBN 978-0-544-23107-8

4 5 6 7 8 9 10 1421 22 21 20 19 18 17 16 15

4500550824   A B C D E F G

Contenido

El espacio

liviano

mostrar

porque

regresar

Completa la oración.

Marca la mejor palabra.

1 Expulsa humo _____ está caliente.

☐ porque   ☐ liviano

2 Él pone una bandera para _____ que estuvo allí.

☐ porque   ☐ mostrar

3 La nave espacial va a _____ a la base.

☐ regresar   ☐ liviano

4 El hombre se sintió _____ como el polvo.

☐ mostrar   ☐ liviano

Lee las palabras del cuadro.

Escribe las palabras debajo del dibujo.

> bombero   campo
>
> envase   ardilla

1

_____

- - - - - - - - - - -

_____

2

_____

- - - - - - - - - - -

_____

3

_____

- - - - - - - - - - -

_____

4

_____

- - - - - - - - - - -

_____

El viaje espacial de Bo

por Megan Linke

Bo se sentó en su nave espacial.

Conectó los botones y pulsó las palancas.

—¡Viaje al espacio! —dijo—. ¡Vamos allá!

Pero su mamá dijo: —¡Hora de comer!

El pequeño Bo tuvo una buena idea.

Bo dibujó un mapa para **mostrar** el camino.

—¡Viaje al espacio! —dijo—. ¡Vamos allá!

Pero su mamá dijo: —¡Hora de dormir!

—Descansa antes de irte, Bo —dijo su mamá—. **Porque** el espacio está muy lejos.

—Bueno —dijo Bo—. Será mejor que descanse.

Entonces la nave espacial de Bo salió volando.

La nave expulsaba humo al subir.

¡Bo se sintió tan **liviano** como el polvo!

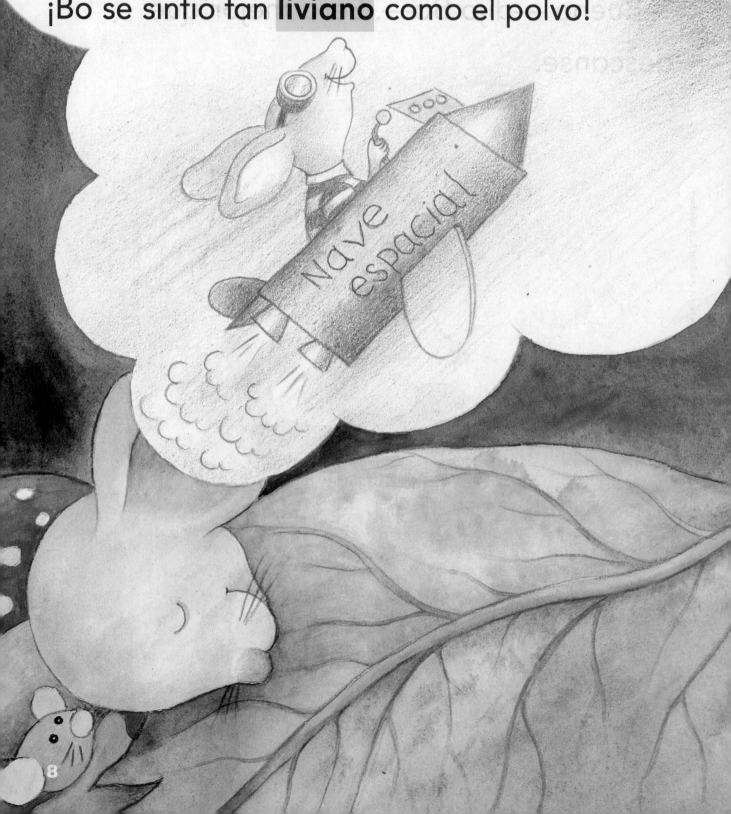

Había muchos puntos de luz a su alrededor.

Bo giró para mirar la Tierra.

¡Echaba de menos a su mamá!

Era hora de **regresar** a casa.

Luego Bo se despertó.

Le dio un beso a su mamá.

—El espacio es divertido —dijo Bo—. Pero estoy contento de estar en casa.

Marca la respuesta.

1 ¿Cuál es la idea principal de este cuento?

☐ Bo quiere ir al espacio.

☐ Bo tiene un mapa.

2 ¿Qué tiene la nave espacial de Bo?

☐ estrellas   ☐ botones

3 Marca un detalle del viaje de Bo.

☐ Bo lleva gafas.

☐ La mamá de Bo viaja con él.

Escribe acerca del viaje de Bo.

4 ¿De verdad fue Bo al espacio?

_____

_ _ _ _ _ _ _ _ _ _ _ _ _ _ _ _ _ _ _ _

_____

Repasar

"¡Vamos a la luna!"
Libro del estudiante,
págs. 15–35

¡Hazte un detective de la lectura!

Vuelve a leer "¡Vamos a la luna!"

Piensa en las preguntas.

Busca claves.

1 **¿Qué** se puede ver en la Luna?

2 **¿Cómo** llega la gente a la Luna?

Escribe o dibuja tu respuesta.

1 **¿Qué** se puede ver en la Luna?

Comenta la pregunta 2.

Habla acerca de las claves que encontraste.

2 **¿Cómo** llega la gente a la Luna?

Vamos de viaje

Completa la oración.
Marca la mejor palabra.

1 Podemos _____ en autobús.

☐ ir ☐ auto

2 Esa bicicleta está rota. No es _____.

☐ segura ☐ viajar

Papo

Rex

Chucho

Al

Rosa

Papo va de viaje

por Miguel Ayala

Papo se sentó en su **auto**.

—¡Allá voy! —dijo.

—¿Puedo ir? —preguntó Rex.

15

—¡Claro! Pero tienes que **viajar**
de una manera **segura** —dijo Papo.
Chucho no habló.
Sólo hizo: "Puf".

—¡Yo, yo! —dijo Al—. ¡Qué divertido!
Y Al subió al **auto**.
¡Plim!¡Plam!¡Plum!

Rosa también subió.

—¿No hay sitio para mí? —preguntó
Papo—. ¿Tengo que **ir** en bicicleta?

—Sí hay espacio —dijo Rex.

Luego, Rosa se hizo a un lado.

—Ven junto a mí, Papo —dijo.

—Gracias, Rosa —dijo Papo.

Y todos se fueron de viaje.

¡Mec! ¡Mec! ¡Mec!

Marca la respuesta.

1 **¿Quién tiene el auto?**

☐ Al   ☐ Papo

2 **¿Qué sonidos hace Al cuando entra al auto?**

☐ plim, plam, plum

☐ mec, mec, mec

3 **¿Quién hace espacio para Papo?**

☐ Rex   ☐ Rosa

Escribe acerca de un lugar al que fuiste.

_____

- -

4 **Fui a** _____.

Repasar

El gran viaje
por
VALERI
GORBACHEV

"El gran viaje"
Libro del estudiante,
págs. 53–73

¡Hazte un detective de la lectura!

Vuelve a leer "El gran viaje"

Piensa en las preguntas.

Busca claves.

1 **¿Quiénes** son los personajes?

2 **¿Qué** pasa al final del cuento?

Escribe o dibuja tu respuesta.

1 **¿Quiénes** son los personajes?

Comenta la pregunta 2.

Habla acerca de las claves que encontraste.

2 **¿Qué** pasa al final del cuento?

✓ **PALABRAS QUE QUIERO SABER**

comida

debajo

directamente

estas

¡A comer!

Completa la oración.

Marca la mejor palabra.

1 Hay muchos tipos de _____.

☐ debajo ☐ comida

2 Ana tiene un soporte rosa _____

de su helado.

☐ estas ☐ debajo

3 Julia pone _____ verduras en los tacos.

☐ debajo ☐ estas

4 Pepo bebe leche ___ del vaso.

☐ comida ☐ directamente

Lee las palabras del cuadro.

Escribe las palabras debajo del dibujo.

> ladrillo   tigre
>
> trigo   libro

1

_____

2

_____

3

_____

4

_____

El gran festín de Hormiga

por Megan Linke

Se acabó la fiesta,
y los niños se fueron a jugar.
Pero no recogieron la **comida**.
¡Hoy es mi día! ¡A trabajar!

Una cosa te diré:
comemos mucho las hormigas.
Yo como y como sin parar
hasta llenarme la barriga.

Mucha gente tiraría **estas** migas **directamente** a la basura.
Pero para las hormigas, ¡este festín es una hermosura!

¿Ven? Miren lo que hay
debajo del plato.
Una manzana aún fresca.
¡Comerla me llevará un rato!

¡Qué rica cena!
¡Ya estoy llena!
Y todavía queda comida.
Solo me falta una bebida.

Y después de comer,
¿qué mejor que una siesta?
Buenas noches, amigos.
¡Hasta la próxima fiesta!

Marca la respuesta.

1 ¿Para qué fue escrito este cuento?

☐ para entretener

☐ para enseñarnos qué comer

2 ¿Cómo se cuenta este cuento?

☐ en dibujos solamente

☐ en dibujos y rimas

3 Al final, ¿por qué descansa Hormiga?

☐ Está llena. ☐ Está asustada.

Escribe acerca de tu comida favorita.

_____

- - - - - - - - - - - - - - - - - -

4 Me gusta comer _____.

Repasar

¡Hazte un detective de la lectura!

"¿De dónde viene la comida?"
Libro del estudiante,
págs. 91–111

Vuelve a leer "¿De dónde viene la comida?"

Piensa en las preguntas.

Busca claves.

1 **¿Qué** comen las personas?

2 **¿Cómo** se hacen distintas comidas?

Escribe o dibuja tu respuesta.

1 **¿Qué** comen las personas?

Comenta la pregunta 2.
Habla acerca de las claves que encontraste.

2 **¿Cómo** se hacen distintas comidas?

Cuando seamos mayores

extraordinarios

papel

pronto

trabajo

Completa la oración.

Marca la mejor palabra.

1 Los perros son animales _____.

☐ pronto   ☐ extraordinarios

2 El papá de Ana hace su _____ en casa.

☐ trabajo   ☐ pronto

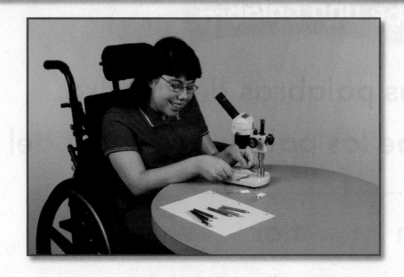

3 Sofía tomará notas en el _____.

☐ extraordinarios ☐ papel

4 ¡Nosotros creceremos muy _____!

☐ pronto ☐ trabajo

Escribe una palabra

Lee las palabras del cuadro.

Escribe las palabras debajo del dibujo.

tren	flor
brincar	granja

1

_____
- - - - - - - - - - - -
_____

2

_____
- - - - - - - - - - - -
_____

3

_____
- - - - - - - - - - - -
_____

4

_____
- - - - - - - - - - - -
_____

Cuando Tom sea mayor

por Diana Laredo

Tom se sentó en el regazo
de su madre.

—Cuando sea mayor —dijo Tom—,
escribiré un libro como este.

¡Y también dibujaré!

Cada día, Tom hacía su tarea de lectura.

Pero no se quejaba del **trabajo**.

Tenía ganas de aprender a escribir.

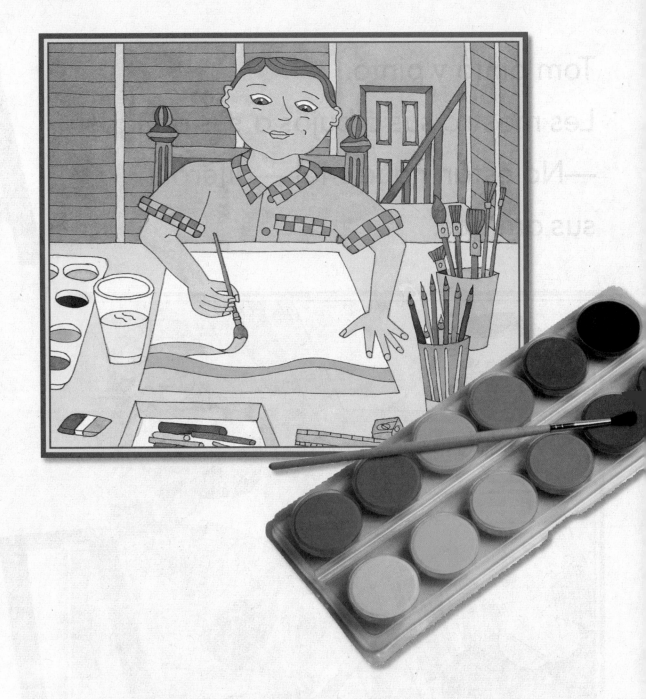

Un día a Tom le regalaron una caja
de colores.

Tom estaba contento. —¡Son
extraordinarios! —dijo.

Tomó un **papel** y se puso a dibujar.

Tom pintó y pintó.

Les mostró sus dibujos a sus amigos.

—No están nada mal —dijeron
sus amigos.

Tom tenía su meta.
Debía trabajar duro para alcanzarla.
Pero no se dio por vencido.

Muy **pronto**, el trabajo de Tom dio frutos.

Hoy en día, Tom escribe para niños.

¡Y también dibuja para ellos!

Vuelve a leer y responde

Leamos juntos

Marca la respuesta.

1 ¿Qué quiere hacer Tom?

☐ enseñar a los niños ☐ escribir libros

2 ¿Cuándo lo decide Tom?

☐ cuando era niño

☐ cuando se hizo mayor

3 ¿Qué sucede primero?

☐ Tom recibe una caja de colores.

☐ Su mamá le leía cuentos.

Escribe acerca de ti mismo.

4 ¿Qué serás cuando seas mayor?

_____

- -

_____

Repasar

¡Hazte un detective de la lectura!

Vuelve a leer "Tomás Rivera"

Piensa en las preguntas.

Busca claves.

"Tomás Rivera"
Libro del estudiante,
págs. 129–143

1 **¿Qué** hizo Tomás Rivera?

2 **¿Quién** ayudó a Tomás?

Escribe o dibuja tu respuesta.

1 **¿Qué** hizo Tomás Rivera?

Comenta la pregunta 2.

Habla acerca de las claves que encontraste.

2 **¿Quién** ayudó a Tomás?

✓ **PALABRAS QUE QUIERO SABER**

más

quiero

tratar

viejo

Naturaleza

Completa la oración.
Marca la mejor palabra.

1. Este árbol es muy _____.

   ☐ quiero   ☐ viejo

2. Los zorros buscan _____ comida.

   ☐ tratar   ☐ más

3 —Yo _____ una piña —dijo la ardilla.

☐ quiero ☐ más

4 Los niños van a _____ de limpiar el parque.

☐ viejo ☐ tratar

Lee las palabras del cuadro.

Escribe las palabras debajo del dibujo.

trineo	boa
teatro	toalla

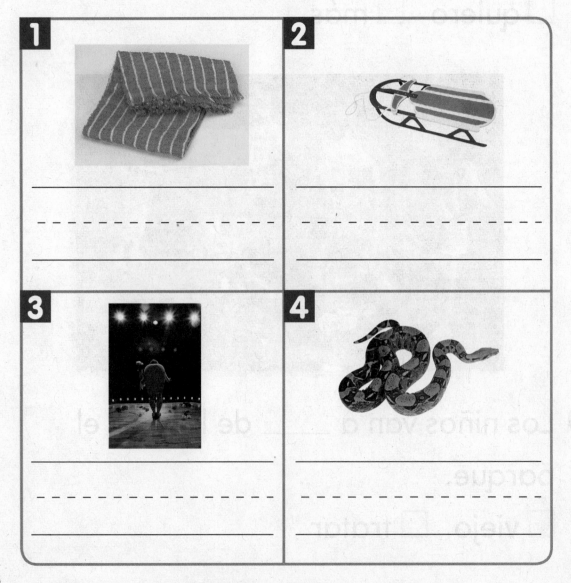

1

_____

- - - - - - - - - - - -

_____

2

_____

- - - - - - - - - - - -

_____

3

_____

- - - - - - - - - - - -

_____

4

_____

- - - - - - - - - - - -

_____

Rana Platanera canta su canción

por Diana Laredo

Hace tiempo, Rana Platanera era feliz.
Cantaba y cantaba sus poemas todo
el día.

—Cru, cru, cru. Cro, cro, cro —cantaba.

Pero la pobre ranita no tenía muchos fans.

—¡Cree que sabe cantar! —dijo el **viejo** Pato.

—¡Vaya chiste! —dijo Libélula.

Al final, Pato la hizo parar.
—¡Deja de cantar! —dijo—. ¡A
nadie le gusta tu canción!
Rana Platanera se puso a llorar.

Para ocultar su pena, Rana se metió
debajo de una hoja.
Entonces, una cara se acercó y la miró.
—No llores —dijo—. Debes **tratar**
de animarte.

—**Quiero** cantar —lloraba Rana—.
Pero a nadie le gusta mi canción.
—A mí sí me gusta —dijo su nueva
amiga—. ¡Canta para mí!

En ese momento, Rana se puso de pie.

Cantó a la luz de la luna.

Hoy, Rana Platanera canta por la noche.

¡Y es **más** feliz que nunca!

Marca la respuesta.

1 ¿Por qué Pato le habló a Rana Platanera?

☐ para hacerla callar

☐ para pedirle que cantara

2 ¿Cómo hizo Pato que se sintiera Rana?

☐ muy triste   ☐ muy enfadada

3 ¿Qué hizo que Rana se alegrara?

☐ A la luna le gustó su canción.

☐ Pato le pidió perdón.

Escribe acerca de la nueva amiga de Rana Platanera.

_____

4 Es _____.

Repasar

**"El cuento de Conejito"
Libro del estudiante,
págs. 161–179**

¡Hazte un detective de la lectura!

Vuelve a leer "El cuento de Conejito"

Piensa en las preguntas.

Busca claves.

1 **¿Quiénes** son los personajes?

2 **¿Qué** asusta a Conejito?

Escribe o dibuja tu respuesta.

1 **¿Quiénes** son los personajes?

Comenta la pregunta 2.
Habla acerca de las claves que
encontraste.

2 **¿Qué** asusta a Conejito?

✓ **PALABRAS QUE QUIERO SABER**

árbol

decir

noche

pensar

¡Crece, jardín, crece!

Completa la oración.

Marca la mejor opción.

1 Las plantas crecen de día y de _____.

☐ noche ☐ árboles

2 —¡Mira un saltamontes! —le _____ a Juan.

☐ dije ☐ pensamos

3 Los _____ tienen flores y hojas.

☐ árboles   ☐ noche

4 Todos _____ que el jardín es hermoso.

☐ pensamos   ☐ árboles

Lee las palabras del cuadro. Escribe la palabra debajo de la imagen.

cigüeña	puerta
cuadro	piano

1

_____

- - - - - - - - - - -

_____

2

_____

- - - - - - - - - - -

_____

3

_____

- - - - - - - - - - -

_____

4

_____

- - - - - - - - - - -

_____

Frijolito busca el sol

por Megan Linke

Frijolito se despertó de **noche**.

Su cama era tan dura que le dolía todo.

No veía nada a su alrededor.

No oía nada en derredor.

Su mundo era frío y oscuro.

De pronto, una chispa lo alcanzó.

Empezó a crecer y a tomar forma.

Primero, se movió un poco.

Luego, avanzó más y más.

¡Hasta que el suelo se quebró!
Frijolito alargó su brazo torcido.
Lo alargó más y más, como rama de
árbol.

No se detenía a **pensar**: se dejaba llevar.

Se alargaba, doblaba y mantenía firme.

Se sentía fuerte y seguro, como en casa.

Un amplio espacio azul se abrió sobre él.

Las rachas de viento lo elevaron aún más.

Junto a él algunas hormigas marchaban.

El cálido sol se sentía muy bien.

Frijolito mantenía su cabeza en alto.

Ansiaba **decir**: "¡Ya estoy aquí, Mundo!".

Estaba feliz por ser una planta.

Vuelve a leer y responde

Leamos juntos

Marca la respuesta.

1 **¿Quién es el personaje principal?**

☐ Frijolito, una planta

☐ Frijolito, un niño

2 **¿Dónde está creciendo Frijolito?**

☐ en una maceta, en casa

☐ en el suelo, afuera

3 **¿Por qué Frijolito siente una chispa?**

☐ Está creciendo.

☐ Para despertarse.

Escribe acerca de cómo se siente Frijolito al final.

_____

4 Se siente _____ .

Repasar

El jardín
por Arnold Lobel

"El jardín"
Libro del estudiante,
págs. 15–29

¡Hazte un detective de la lectura!

Vuelve a leer "El jardín"

Piensa en las preguntas.

Busca claves.

1 ¿**Dónde** tiene lugar el cuento?

2 ¿**Qué** trata de hacer Sepo?

Escribe o dibuja tu respuesta.

1 ¿**Dónde** tiene lugar el cuento?

Comenta la pregunta 2. Habla acerca de las claves que encontraste.

2 ¿**Qué** trata de hacer Sepo?

aprender

cría

hasta

seguir

El mundo de las aves

Completa la oración.

Marca la mejor opción.

1 Esta grulla planea _____ que necesita descansar.

☐ hasta   ☐ seguir

2 Los patitos quieren _____ a su mamá.

☐ hasta   ☐ seguir

3 La mamá alimenta a su _____.

☐ cría ☐ aprender

4 El pollito tiene que _____ a comer solo.

☐ cría ☐ aprender

Lee las palabras del cuadro. Escribe la palabra debajo de la imagen.

cielo	patio
pierna	columpio

El pavo real y la grulla

por Ana Lázaro

Un día Pavo Real conoció a Grulla.

—¡Cuánto lo siento! —dijo Pavo Real—. Ser gris y opaco tiene que ser muy aburrido.

No estuvo bien que dijera eso.

Pero a Grulla no le importó.

—A mí me gusta ser así —dijo Grulla.

—¿De verdad? —preguntó Pavo Real.

—¡Claro! —contestó Grulla—. ¿Ves?

Las grullas podemos planear millas y millas.

Luego, grulla abrió sus largas alas.

Dio un giro y salió volando con el viento.

¡Parecía divertido! Pavo Real quiso **seguir**
a Grulla.

Batió sus alas **hasta** levantarse del suelo.

Pero no pudo planear como Grulla.

—Yo planeo así desde que era una **cría**
—dijo Grulla—. **Aprender** no fue difícil.
Tú eres rápido, Pavo Real. Pero nunca
podrás planear como yo.

Pavo Real se quedó pensativo.

Por primera vez en su vida, se dio cuenta.

¡Todos los pájaros eran especiales,
no solo él!

Cada cual era especial a su manera.

Marca la respuesta.

1 ¿Qué palabra describe mejor a Pavo Real?

☐ orgulloso   ☐ divertido

2 ¿Qué sabe hacer Grulla?

☐ planear   ☐ abrir su cola

3 ¿Qué lección aprende Pavo Real?

☐ cómo volar millas y millas

☐ que todos los pájaros son especiales

Escribe acerca de ti mismo.

4 ¿Qué te hace especial?

_____

_____

_____

¡Hazte un detective de la lectura!

"Animales asombrosos"
Libro del estudiante,
págs. 47–65

Vuelve a leer "Animales asombrosos"

Piensa en las preguntas.

Busca claves.

1 ¿De **qué** trata la selección?

2 ¿**Por qué** es útil el caparazón de una tortuga?

Escribe o dibuja tu respuesta.

1 ¿De **qué** trata la selección?

Comenta la pregunta 2. Habla acerca de las claves que encontraste.

2 ¿**Por qué** es útil el caparazón de una tortuga?

Mascotas amigas

casa

junto

niño

otra vez

Completa la oración.

Marca la mejor opción.

1 Sam y Pedro van a ____.

☐ casa   ☐ niño

2 Beba y su gato juegan ____.

☐ juntos   ☐ casa

72

3 El ___ no le ha dado de comer a su mascota.

☐ niño ☐ casa

4 Ana le da de comer a sus peces ___.

☐ otra vez ☐ juntos

Lee las palabras del cuadro. Escribe la palabra debajo de la imagen.

caimán	boina
audífonos	astronauta

1

2

3

4

74

Leo   **Pipo**   **Mimí**   **Niños en casa**

El sueño de las mascotas

por Paolo Rizzi

Leo, Mimí y Pipo se sentaron a soñar **juntos**.

—Ser mascota es muy aburrido —dijo

Mimí—. El **niño** de mi **casa** no es divertido.

Mimí movió la cabeza, tristemente.

—Es verdad —dijo Leo—. El **niño** de mi **casa** solo juega a buscar la pelota.

¡Tira y recoge! ¡Una y **otra vez**!

—Si persiguiera cosas conmigo —dijo Leo—, ¡sería mucho más divertido!

—No hay nada como cazar —dijo Mimí—.
El **niño** de mi casa solo me tira ratones de
juguete.
No es divertido. ¡Me gustaría que cazara
conmigo!

—Lo que yo odio —dijo Pipo— es la hora del baño. Sería mejor si pudiera bañarme en lodo. ¡Qué placer!

Pero en ese momento, sonó la campana para la cena.

Mimí se puso de pie.

—Guau, guau —dijeron Leo y Pipo.

Y todas las mascotas corrieron a **casa**.

Vuelve a leer y responde   Leamos juntos

Marca la respuesta.

1 ¿Por qué está Leo enfadado con su dueño?

☐ porque solo juega a buscar la pelota

☐ porque persigue ardillas

2 ¿Qué quiere Pipo que haya en su baño?

☐ lodo   ☐ jabón

3 ¿Por qué las mascotas vuelven a casa?

☐ oyen la campana para la cena

☐ oyen la llamada de sus dueños

Escribe acerca de los sueños de las mascotas.

4 _____

- -

_____

Repasar

"Un silbato para Willie"
Libro del estudiante,
págs. 83–103

¡Hazte un detective de la lectura!

Vuelve a leer "Un silbato para Willie"

Piensa en las preguntas.

Busca claves.

1 **¿Dónde** juega Pedro?

2 **¿Cómo** aprende Pedro a silbar?

Escribe o dibuja tu respuesta.

1 ¿**Dónde** juega Pedro?

Comenta la pregunta 2. Habla acerca de las claves que encontraste.

2 ¿**Cómo** aprende Pedro a silbar?

Estos árboles

Completa la oración.

Marca la mejor opción.

1 Las semillas crecen

en el _____.

☐ clase   ☐ suelo

2 El _____ bajo el árbol está cubierto

de hojas.

☐ lugar   ☐ cualquier cosa

3 El niño hace _____ para cuidar

su arbolito.

☐ lugar

☐ cualquier cosa

4 Esta _____ de árbol crece en climas

calurosos.

☐ suelo   ☐ clase

Lee las palabras del cuadro. Escribe la palabra debajo de la imagen.

aceite	peine
rey	buitre

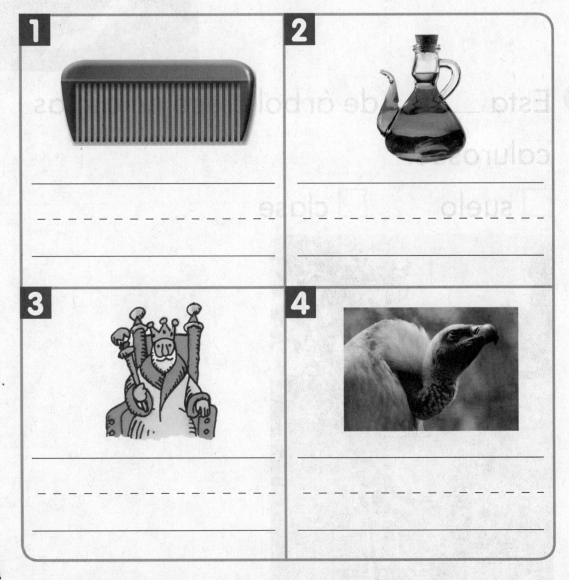

1

2

3

4

Cómo plantar un árbol

por Paolo Rizzi

1 ▷ Prepárate

Elige un buen **lugar** para plantar tu árbol.

Recuerda que necesitará espacio para crecer.

Consigue las herramientas apropiadas.

¡Ya estás casi listo!

2 ▸ Haz un hoyo.

Mira las raíces de tu árbol.

Cava un hoyo en el que quepan las raíces.

El hoyo debe tener el doble de ancho que ellas.

Usa una **clase** de pala para plantas pequeñas.

3 Plántalo.

Revisa que las raíces estén sueltas.

Retira **cualquier cosa** que las enrede o

apriete.

Luego coloca el árbol en el hoyo.

4 Llénalo.

Llena el hoyo con tierra.

Asegúrate de que la tierra cubra las raíces.

Usa una pala y comprime la tierra.

5 Riégalo.

Después, riega tu árbol con agua.

Revisa tu árbol durante algunas semanas.

Asegúrate que el **suelo** se mantenga

húmedo.

6 ¡Déjalo crecer!

Necesitará tiempo, pero ese arbolito crecerá.

Un día, ¡verás que tu trabajo rinde frutos!

Marca la respuesta.

1 ¿Cuál paso se hace primero?

☐ Elegir un buen lugar.

☐ Ver las raíces.

2 ¿Qué pasa al final?

☐ El árbol crece.

☐ El árbol es regado.

3 ¿Por qué debes revisar tu nuevo árbol?

☐ para ver si el suelo está húmedo

☐ para ver si la tierra está comprimida

4 Escribe un paso para plantar un árbol.

_____

- -

_____

¡Hazte un detective de la lectura!

Vuelve a leer "Los árboles son plantas"

Piensa en las preguntas.

Busca claves.

1 ¿**Qué** es una semilla?

2 ¿**Cómo** cambia un manzano?

Escribe o dibuja tu respuesta.

1 ¿**Qué** es una semilla?

Comenta la pregunta 2. Habla acerca de las claves que encontraste.

2 ¿**Cómo** cambia un manzano?

comprar

familia

por favor

yo mismo

El día de la mudanza

Completa la oración.

Marca la mejor opción.

1 En la casa de al lado vivirá una nueva

_____.

☐ familia ☐ compró

2 Ana _____ un regalo para los

nuevos vecinos.

☐ familia ☐ compró

92

3 ¿Me ayudas con la caja, _____?

☐ yo mismo ☐ por favor

4 Ni _____ puedo cargar esa caja, menos Sarah.

☐ yo mismo ☐ por favor

93

Lee las palabras del cuadro. Escribe la palabra debajo de la imagen.

sentado casita
atrapada hermanito

1

_____

_____

2

_____

_____

3

_____

_____

4

_____

_____

¿Quién será?

por Marvin Hampton

Mapache salió a barrer su portal.

Mientras barría, llegó un camión.

—¿**Compró** la casa de al lado un animal?

—preguntó—. ¿Quién será?

—Espero que no sea un cangrejo —pensó
Mapache—. Los cangrejos son muy
orgullosos y no son simpáticos. ¡Y además
pueden pinchar!

—A lo mejor será un buey. Un buey puede pisarme las plantas. ¡Un buey puede pisarme a mí! **Yo mismo** tendría que esconderme en casa.

—Tal vez será una rana. Las ranas son
ruidosas. Las ranas cantan y cantan.
¡Ojalá que no sea una rana!

—O tal vez serán almejas. Las almejas
no son divertidas. No puedo invitarlas
a tomar el té.

Entonces, aparecieron Gallina y su **familia**.
Mapache no tenía problemas con las
gallinas.

—Un placer conocerlas —gritó Mapache—.
¡Por favor, vengan a tomar el té un día!

Marca la respuesta.

1 ¿Cómo se siente Mapache al principio?

☐ preocupado ☐ emocionado

2 ¿Por qué a Mapache no le gustan las ranas?

☐ Porque son ruidosas.

☐ Porque son malas.

3 ¿Por qué a Mapache no le gustan las almejas?

☐ Porque no son divertidas.

☐ Porque toman demasiado té.

Escribe acerca de Mapache.

_____

- - - - - - - - - - - - - - - - - -

4 Mapache es _____.

Repasar

"El amigo nuevo"
Libro del estudiante,
págs. 165–181

¡Hazte un detective de la lectura!

Vuelve a leer "El amigo nuevo"

Piensa en las preguntas.

Busca claves.

1 ¿**Quién** se muda a la casa de al lado?

2 ¿**Cómo** se sienten los niños con su nuevo vecino?

Escribe o dibuja tu respuesta.

1 ¿**Quién** se muda a la casa de al lado?

Comenta la pregunta 2. Habla acerca de las claves que encontraste.

2 ¿**Cómo** se sienten los niños con su nuevo vecino?

Clase de arte

estudiar

inclusive

maestro

sorpresa

Completa la oración.

Marca la mejor opción.

1 Mi _____ de arte es muy amable.

☐ inclusive ☐ maestro

2 Quedó _____ mejor con azul.

☐ inclusive ☐ maestro

3 Yo _____ cada marcador cuidadosamente.

☐ sorpresa   ☐ estudié

4 ¡ _____! Le di un regalo a mi mamá.

☐ Sorpresa   ☐ estudió

Lee las palabras del cuadro. Escribe las palabras debajo de la imagen.

chistoso   deliciosa
preciosa   peligroso

1

_____

- - - - - - - - - - - - - - - - - -

_____

2

_____

- - - - - - - - - - - - - - - - - -

_____

3

_____

- - - - - - - - - - - - - - - - - -

_____

4

_____

- - - - - - - - - - - - - - - - - -

_____

El perrito artista

por Janice Winfield

Estaba lloviendo.

Fefo y yo no teníamos nada que hacer.

¡Estábamos muy, muy aburridos!

Saqué pinturas y papel.

Pero mi amiga Juana me tomó por

sorpresa.

—¿Preparada, Juli? —preguntó—. ¡Vamos

de compras!

Ir de compras me puso de buen humor.

Pero cuando volvimos, ¡se acabó!

Manchas de patas, manchas de narices…

¡Huellas en esos lindos papeles blancos!

¡Fue Fefo! Su nariz roja lo delataba.

Al principio, me enfadé mucho.

Pero luego **estudié** de cerca el arte de Fefo.

Recogí los dibujos de Fefo.

Añadí unos puntos y unas líneas.

—¡No está mal! —le dije—. Pero
ahora estará **inclusive** mejor.

Mamá estuvo de acuerdo conmigo.

¡Y Mamá es **maestra** de arte, o sea que

sabe mucho!

Después de eso, volvió mi buen humor.

¡Nada mal para un día de lluvia!, ¿verdad?

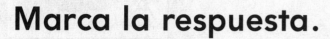

Marca la respuesta.

1 ¿En qué se parecen Juli y Fefo?

☐ Ambos pintan.

☐ Ambos están siempre contentos.

2 ¿Qué hace Juli con los dibujos de Fefo?

☐ los tira   ☐ los mejora

3 Al final, el humor de Juli _____.

☐ mejora   ☐ empeora

Escribe acerca de un día de lluvia.

_____

4 -

Repasar

"El punto"
Libro del estudiante,
págs. 15–33

¡Hazte un detective de la lectura!

Vuelve a leer "El punto"
Piensa en las preguntas.
Busca claves.

1 ¿**Qué** aprende Vashti?

2 ¿**Cómo** ayuda su maestra a Vashti?

Escribe o dibuja tu respuesta.

1 ¿**Qué** aprende Vashti?

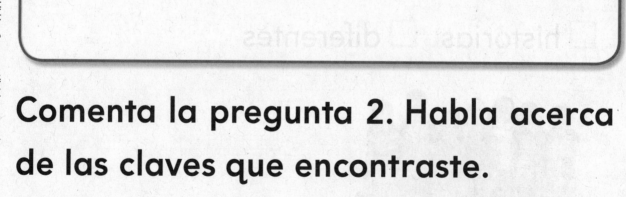

Comenta la pregunta 2. Habla acerca de las claves que encontraste.

2 ¿**Cómo** ayuda su maestra a Vashti?

Nuestros talentos

contento

diferente

historia

siempre

Completa la oración.

Marca la mejor opción.

1 Susana cuenta las ____ más divertidas.

☐ historias ☐ diferentes

2 Todos somos buenos en ____ cosas.

☐ siempre ☐ diferentes

3 Dibujar pone _____ a Emilio.

☐ contento   ☐ historias

4 Pam _____ gana a las damas.

☐ contentos   ☐ siempre

Lee las palabras del cuadro. Escribe las palabras debajo de la imagen.

mordida   dormida

divertido derretido

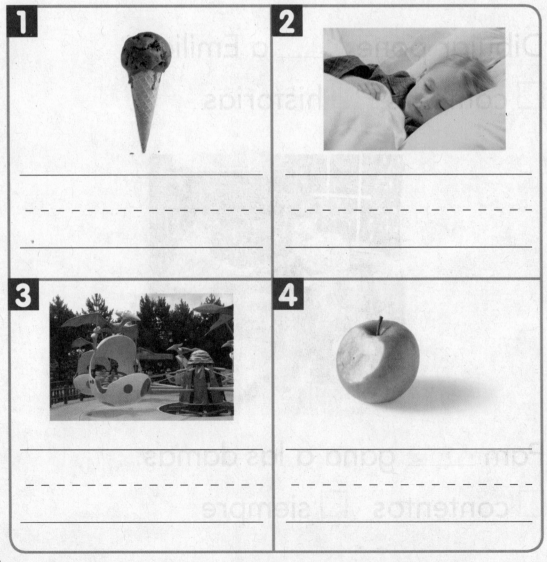

¿Qué sabe hacer la gente?

por Megan Linke

Mi amigo Sammy cuenta chistes.

Sus **historias** son muy buenas.

¡Sam es un niño muy gracioso!

Es más gracioso que Filomena.

Filomena no sabe contar chistes.

¡Pero hace pompas de jabón!

Filomena puede hacer pompas

tan grandes como un camión.

Ojalá mis pompas fueran así,

pero lo mío no es soplar.

Yo soy bueno con el do, re, mi.

¡Como un rey puedo cantar!

Mi amiga Sonia es muy lista.

En matemáticas es la mejor.

Suma y resta mucho más

aprisa

que mi amigo Nicanor.

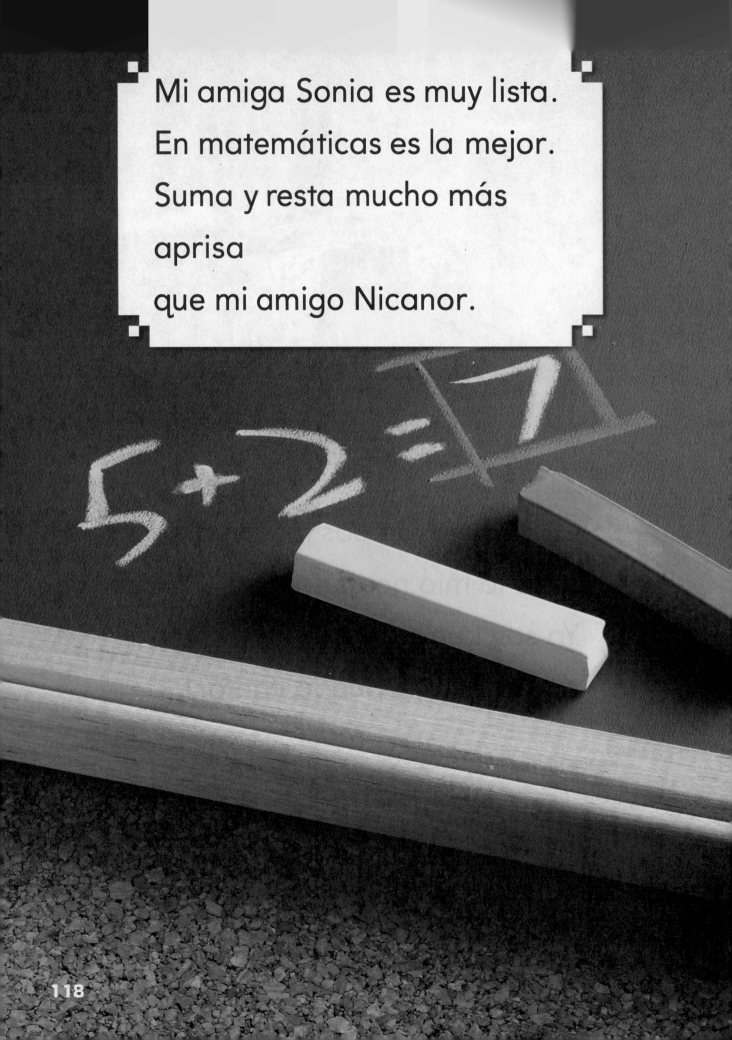

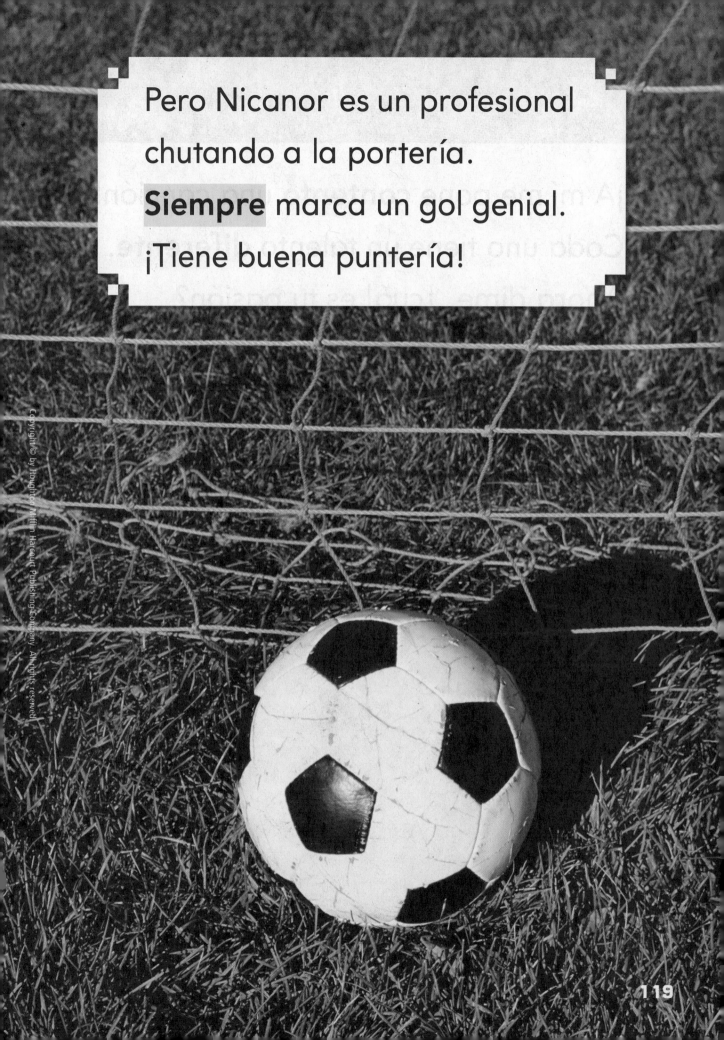

Pero Nicanor es un profesional chutando a la portería. **Siempre** marca un gol genial. ¡Tiene buena puntería!

¡A mí me pone **contento** una canción!

Cada uno tiene un talento **diferente**.

Ahora dime, ¿cuál es tu pasión?

¿Qué sabes hacer estupendamente?

Vuelve a leer y responde

Leamos juntos

Marca la respuesta.

1 ¿Por qué la autora escribió esto?

☐ para transmitir un mensaje

☐ para enseñar cómo hacer algo

2 ¿De qué trata la página 115?

☐ de contar chistes

☐ de jugar al fútbol

3 ¿Por qué la lectura rima?

☐ para que tenga más sentido

☐ para que sea más divertida de leer

Escribe acerca de tu talento especial.

4 _____

_____

Repasar

¡Hazte un detective de la lectura!

"¿Qué puedes hacer?"
Libro del estudiante,
págs. 51–69

Vuelve a leer "¿Qué puedes hacer?"
Piensa en las preguntas.
Busca claves.

1 ¿**Qué** pueden hacer los niños?

2 ¿**Cómo** puedes hacer mejor algo?

121A

Escribe o dibuja tu respuesta.

1 ¿**Qué** pueden hacer los niños?

Comenta la pregunta 2.

Habla acerca de las claves que encontraste.

2 ¿**Cómo** puedes hacer mejor algo?

✓ PALABRAS QUE QUIERO SABER

deber

grande

gritar

oír

¡Yo puedo hacerlo!

Completa la oración.

Marca la mejor opción.

1 Nosotros podemos levantar la caja _____.

☐ grande ☐ oyó

2 —¡Gané! — _____ la chica.

☐ oyó ☐ gritó

3 Mucha gente _____ desde la calle lo que cantamos en clase.

☐ oyó ☐ deberíamos

4 Nosotras _____ formar parte del equipo.

☐ deberíamos ☐ grande

Lee las palabras del cuadro. Escribe las palabras debajo de la imagen.

inactiva   inflamable
impar   impedir

1

2

_____

_____

3

4

_____

_____

El poderoso topo

por Paolo Rizzi

Un día, Mula se encontró una cosa rara.

—¡Vaya! ¡Parece comida! —dijo Mula—.

¡Qué bien!

Mula la tomó con sus manos y tiró y tiró.
Pero la cosa era tan **grande** que no salía.

—No puedo sacarla yo sola —dijo Mula.

Y Cerdito llegó a ayudarla.

—**Deberíamos** atarle esta cuerda —dijo Cerdito.

Topo los **oyó** gritar.

—¿Los ayudo? —preguntó.

—No seas tonto —gruñó Mula.

—Eres demasiado pequeño —resopló Cerdito.

Pero Topo quiso intentarlo.

Agarró la cuerda.

Y tiró de ella con todas sus fuerzas.

¡Zaz! ¡El pequeño Topo lo consiguió!

—¡El poderoso Topo vino al rescate! —
se alegró Mula.

—¡Cena en mi casa! —**gritó** Topo.

Marca la respuesta.

1 ¿Quiénes son los personajes de este cuento?

☐ Mula, Cerdito y Topo

☐ una zanahoria y una cuerda

2 ¿Dónde tiene lugar este cuento?

☐ en casa de Topo ☐ en el campo

3 ¿Cuál es el problema de Mula?

☐ No puede sacar la zanahoria.

☐ No tiene amigos.

Escribe acerca de Topo.

4 _____

_____

Repasar

La cometa

por Arnold Lobel

"La cometa"
Libro del estudiante,
págs. 87–101

¡Hazte un detective de la lectura!

Vuelve a leer "La cometa"

Piensa en las preguntas.

Busca claves.

1 ¿**Qué** dicen los petirrojos?

2 ¿**Por qué** vuela la cometa al final?

Escribe o dibuja tu respuesta.

1 ¿**Qué** dicen los petirrojos?

Comenta la pregunta 2. Habla acerca de las claves que encontraste.

2 ¿**Por qué** vuela la cometa al final?

Insectos diminutos

amistad

atrapar

increíble

minuto

Completa la oración.

Marca la mejor opción.

1. Esta araña espera _____ su cena con su telaraña.

☐ atrapar

☐ amistad

2. ¿Ya viste a la libélula?

En menos de un _____, ¡desaparecerá!

☐ increíble   ☐ minuto

3 Los insectos y las flores se ayudan como en una _____.

☐ amistad   ☐ minuto

4 Aunque parezca _____, esta linda mariquita ayuda a controlar las plagas.

☐ amistad   ☐ increíble

Lee las palabras del cuadro. Escribe las palabras debajo de la imagen.

> desorden   remojarse
> descalzo   relleno

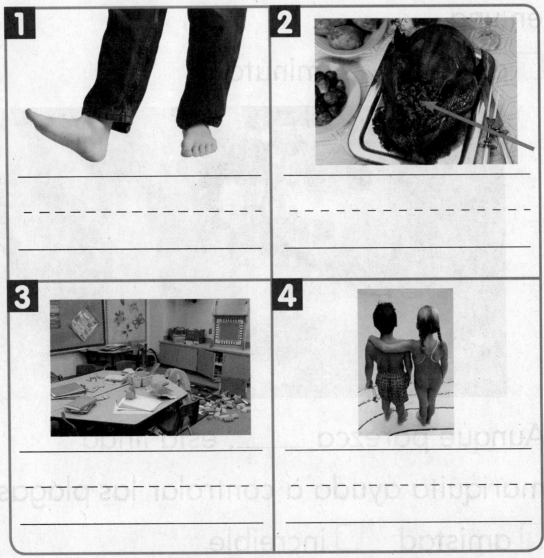

1

_____

- - - - - - - - - - -

_____

2

_____

- - - - - - - - - - -

_____

3

_____

_____

4

_____

_____

Un día en cama

por Paolo Rizzi

El otoño pasado, me dio un resfriado.

—No estás bien, Liz —dijo Mamá.

Y me pidió que me quedara en cama.

Al principio, no me importó.

Mi cama estaba tibia.

Mamá me daba sopita.

Pero la diversión se acabó pronto.

Me sentía ABURRIDA.

No tenía libros ni discos nuevos.

Me quedaba dormida. Me sentaba.

Fue entonces cuando vi una mosca.

Se elevaba muy despacio.

Luego, descendía un poco.

Un **minuto** después, ¡hizo una

pirueta!

Y entonces se posó cerca
de mí.
Miré sus patas diminutas.
Parecía saludarme con ellas.
¡Pensé que me enfadaría!
En cambio, dije: —¡Hola,
Mosca!

Luego hizo unos trucos para mí.

Atrapaba las cosas que le

lanzaba.

Entraba y salía por un aro.

¡Hacía cosas **increíbles!**

La llamé "Doña".

139

Nunca volví a ver a Doña.

Mis amigas creen que fue una fantasía.

Pero fue una verdadera **amistad.**

Doña hizo trucos para divertirme.

¡Qué bueno que la conocí!

Vuelve a leer y responde

Leamos juntos

Marca la respuesta.

1 ¿Por qué Mamá le da sopa a Liz?

☐ porque Liz está enferma

☐ porque a Liz le encanta la sopa

2 ¿Cómo se siente Liz al principio?

☐ No le importa estar enferma.

☐ Se siente aburrida por estar enferma.

3 ¿Qué siente Liz por Doña?

☐ afecto   ☐ molestia

4 Escribe acerca de lo que Doña hizo.

_____

- -

_____

Repasar

¡Hazte un detective de la lectura!

Vuelve a leer "¡Hola, Señor Mosca!"

"¡Hola, Señor Mosca!"
Libro del estudiante,
págs. 119–141

Piensa en las preguntas.

Busca claves.

1 ¿**Cuándo** se conocen Buzz y Señor Mosca?

2 ¿**Cómo** ayuda Señor Mosca a Buzz?

141A

Escribe o dibuja tu respuesta.

1 ¿**Cuándo** se conocen Buzz y Señor Mosca?

Comenta la pregunta 2. Habla acerca de las claves que encontraste.

2 ¿**Cómo** ayuda Señor Mosca a Buzz?

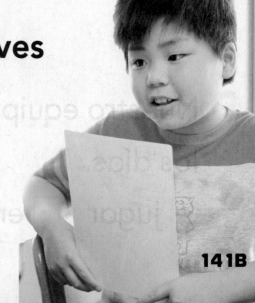

campo

encantar

equipo

jugar

¡Chuta!

Completa la oración.

Marca la mejor opción.

① Las jugadoras corren en el _____.

☐ todos   ☐ campo

② Nuestro equipo suele _____ todos los días.

☐ jugar   ☐ encanta

3 Cuando marcó gol, el _____ lo celebró.

☐ equipo   ☐ juega

4 A ellos les _____ ser parte del equipo.

☐ encanta   ☐ campo

Lee las palabras del cuadro. Escribe las palabras debajo de la imagen.

> gritaban despertarse
> tocarán   esquivando

Las hermanas futbolistas

por Roberto Gómez

A Edina y a Marga les **encantaba** el fútbol.

La mayoría de las veces, el juego era bueno.

Pero no siempre.

Un día mamá las llevaba a casa.

El **equipo** de Marga acababa de **jugar**.

—¡Jugaste muy bien, Marga! —dijo
Edina—. ¡Espero poder jugar como tú el
viernes!

Marga dejó de sonreír.

—¿Juegas el viernes? —preguntó—.
¡Yo también! ¡Jugarás contra mi equipo!

Desde ese momento, las hermanas dejaron
de ser amigas.

—¡Yo puedo correr más rápido
que tú! —gruñía Edina.

—¡Y yo puedo chutar más fuerte
que tú! —gruñía Marga.

El gran día, Edina corrió de un lado a otro del **campo**.

¡Pum! Cuando marcó, todos celebraron.

Marga también celebró su gol.

Hasta se olvidó de que estaba enfadada.

—¿Sabes qué? —dijo Marga—.
No importa quién gane. **Jugar** contigo es
muy divertido.
—Yo también lo creo —dijo Edina—.
¡Juguemos!

Marca la repuesta.

1 ¿De qué trata el cuento principalmente?

☐ de dos hermanas   ☐ de dos primas

2 ¿Por qué se enfadan Edina y Marga?

☐ Porque tienen que dejar de jugar al fútbol.

☐ Porque van a competir entre ellas.

3 ¿Qué lección aprenden las hermanas?

☐ Jugar juntas no es divertido.

☐ No importa quién gane.

Escribe acerca de tu deporte favorito.

4 _____

- -

_____

"Los ganadores nunca dejan
de jugar"
**Libro del estudiante,
págs. 159–177**

¡Hazte un detective de la lectura!

Vuelve a leer "Los ganadores nunca dejan de jugar"

Piensa en las preguntas.

Busca claves.

1 ¿**Por qué** se da por vencida Mia?

2 ¿**Qué** lección aprende Mia?

Escribe o dibuja tu respuesta.

1 ¿**Por qué** se da por vencida Mia?

Comenta la pregunta 2. Habla acerca de las claves que encontraste.

2 ¿**Qué** lección aprende Mia?

Estrategia de resumir

Puedes **resumir** lo que lees.

- Di las ideas importantes en tus propias palabras.

- Di las ideas en un orden que tenga sentido.

- Conserva el significado del texto.

- Usa solo unas cuantas oraciones.

Estrategia de analizar/evaluar

Puedes **analizar y evaluar** un texto. Piensa cuidadosamente en lo que has leído. Opina sobre ello.

1. Piensa en el texto y en el autor.
   - ¿Qué hechos e ideas son importantes?
   - ¿Qué quiere el autor que tú sepas?

2. Decide qué es importante. Después, da tu opinión.
   - ¿Qué piensas sobre lo que has leído?
   - ¿Estás de acuerdo con las ideas del autor?

Estrategia de inferir/predecir

Usa claves para determinar lo que el autor no te dice en el texto. De esta manera, estás haciendo una **inferencia**.

Usa claves para determinar lo que pasará después. Entonces estás haciendo una **predicción**.

Estrategia de verificar/aclarar

Verifica lo que lees. Asegúrate de que tiene sentido.

Busca una manera de comprender lo que no tiene sentido.

- Vuelve a leer.

- Sigue leyendo.

- Haz preguntas.

Estrategia de preguntas

Hazte **preguntas** mientras lees. Busca las respuestas.

Algunas preguntas que te puedes hacer:

- ¿Qué quiere decir el autor?
- ¿Acerca de qué o quién es este texto?
- ¿Por qué sucedió esto?
- ¿Cuál es la idea principal?

Estrategia de visualizar

Puedes **visualizar**.

- Crea imágenes en tu mente mientras lees.
- Usa las palabras del texto para ayudarte.
- Crea imágenes de personas, lugares, cosas y acciones.

PHOTO CREDITS